COLLECTION EDMOND MAZET

Vente du 26 Novembre 1904, Hôtel Drouot, Salle N° 8

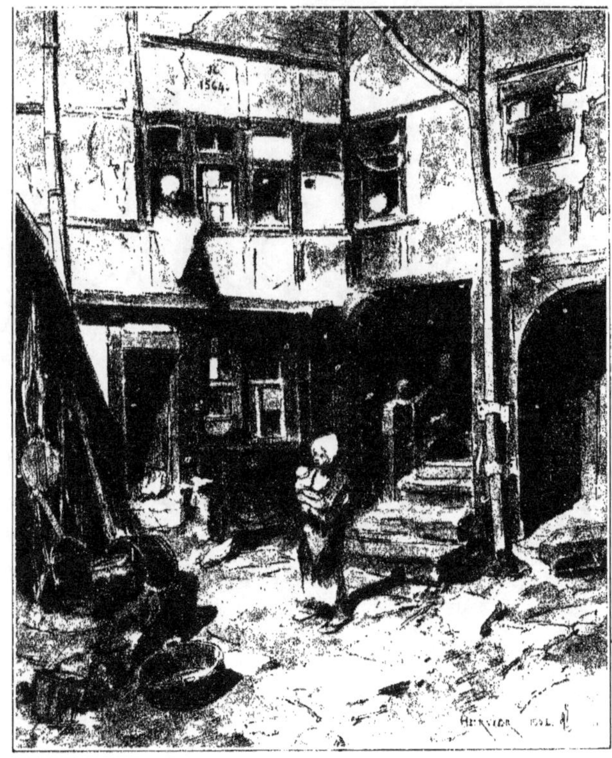

Vente du Catalogue

Peintures — Aquarelles
Dessins

M. MAURICE DELESTRE.   M. LOYS DELTEIL.

CATALOGUE

des

PEINTURES

AQUARELLES — DESSINS

ŒUVRES

DE

HERVIER — H. C. DELPY

E. de SPECHT — EDM. MAZET

Composant la collection de

M. EDMOND MAZET

———

Dont la vente aura lieu

à Paris, HOTEL DROUOT, Salle N° 8

Le Samedi 26 Novembre 1904

à deux heures précises

———

EXPOSITION PUBLIQUE (Hôtel-Drouot) le 25 Novembre

———

Par le Ministère de Mᵉ **MAURICE DELESTRE**

COMMISSAIRE-PRISEUR

5, rue Saint-Georges

Assisté de M. **LOYS DELTEIL**, Artiste-Graveur, Expert

22, rue des Bons-Enfants

CONDITIONS DE LA VENTE

Elle sera faite au comptant.

Les acquéreurs paieront *dix pour cent* en sus des prix d'adjudication.

M. Loys Delteil remplira les commissions que voudront bien lui confier les amateurs ne pouvant y assister; il se réserve, en outre, la faculté de diviser ou de rassembler les lots.

MM. les amateurs pourront visiter la collection, *22, rue des Bons-Enfants, du mardi 22 au jeudi 24 novembre 1904*, de 10 heures à 4 heures.

Exposition publique, à l'HOTEL DROUOT, le vendredi 25 novembre 1904 de 2 heures 1/2 à 5 heures 1/2.

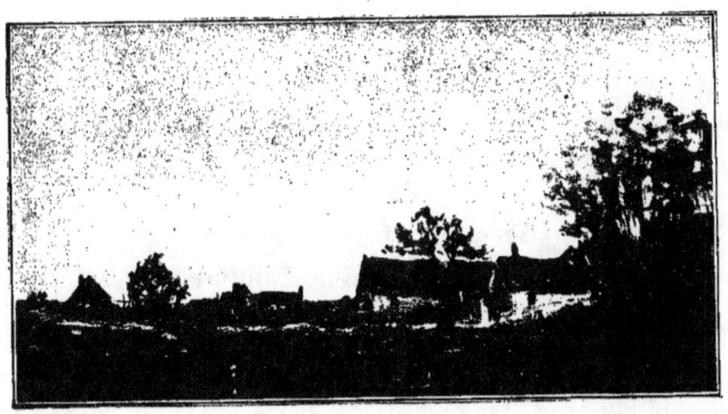

N° 38 du Catalogue

DÉSIGNATION

Alaux (Gentil)

1. La Charité. A la mine de plomb. *Signé.*

Amand Gautier

2. — Les deux Sœurs de charité. Aquarelle. *Signée.*

Anonymes (xixᵉ siècle)

3. — Bacchante. Peinture.

4. Portrait de jeune Femme. Peinture.

5. Glacier du Rosenloï, près Meyringen. Peinture.

6. — La Lettre. Au crayon noir avec légers rehauts de pastel.

7. — Allégories — Sujets divers — Etudes de figures. Douze dessins par ou attribués à Girodet, Daubigny, C. Nanteuil, Pastelot, etc.

Bellangé (Hippolyte)

8. — Etudes de femmes nues — Etudes de militaires. Huit dessins à la mine de plomb, l'un d'eux signé des initiales. *(et)*.

Bergue (Tony-François de)

9. — Paysage à la barque amarrée. Peinture, *signée*.

Berthon (Nicolas)

10. — Paysages. Deux esquisses peintes.

11. — Repos des Moissonneurs. Aquarelle gouachée.

12. — Etude de Suissesse, 1865. Au crayon noir.

13. — Etudes de figures, compositions, paysages. Cent-vingt-cinq dessins et croquis. *Ce numéro sera divisé.*

Bibiena

14. — Palais italien. A la plume, lavé d'encre de chine.

Boucher (Ecole de)

15. — Les Baigneuses. Au crayon noir avec légers rehauts de sanguine et de blanc.

Bouchot (F.)

16. — Le Jugement de Pàris. A la mine de plomb.

Boulanger (G.)

17. — Etude de femme. A la mine de plomb. *Signée.*

Boulanger (Louis)

18. — La Querelle. Aquarelle.

Cangiage (Lucas)

19. — Le Combat. A la plume.

Cicéri (Eugène) — Clerget (H.)

20. — Paysage montueux. Aquarelle, *signée*. — La Ferté-sous-Jouarre. Mine de plomb, rehaussée.

Clément (Aug. Félix)

21. — Etudes de femmes nues, couchées. Deux dessins à la
sanguine.

22. — Etudes de figures orientales — Frontispice pour la
Revue des Journaux et des Livres. Onze dessins, sanguine ou crayon noir.

23. — Sujets d'histoire — Scènes de genre — Paysages —
Etudes de figures — Allégories. Cent trente dessins.
Ce numéro sera divisé.

Cock (César de)

24. — Les Ramasseuses de bois. Aquarelle signée et datée.
1876.

H. 0,290 ; L. 0,216.

Darjou (Alfred)

25. — Turcos dans une tranchée. Aquarelle. Signée.

26. — Caricatures politiques, plusieurs relatives à la Guerre
franco-allemande — Actualités — Scènes de mœurs.
Environ cent quarante dessins et croquis, la plupart
pour le *Journal Amusant.*

Daubigny (C. F.)

27. — Le Village au bord de l'eau. A la sanguine.

L. 0,420 ; H. 0,270.

Delpy (H. Camille)

28. — La Cour de ferme au grand arbre. Peinture. Signée et
datée : 1874.

Bois. L. 0,586 ; H. 0,320.

29. — Les Saules. Peinture. Signée et datée : 1874.

Bois. L. 0,595 ; H. 0,340.

30. — Bords de rivière. Peinture. Signée et datée : 1874.

Bois. L. 0,500 ; H. 0,315.

31. — La Laveuse près de la barque. Peinture.

Toile. L. 0,578 ; H. 0,335.

32. — Les Roches. Peinture signée.

Bois. L. 0,460 ; H. 0,320.

33. — L'Etang. Peinture. Signée et datée : 1874.
Bois. L. 0,460 ; H. 0,255.

34. — Les Coquelicots. Peinture. Signée et datée : 1873.
Bois. L. 0,450 ; L. 0,250.

35. — La Prairie. Peinture. Signée et datée : 1873.
Bois. L. 0,442 ; H. 0,242.

36. — Les deux Barques. Peinture. Signée et datée : 1873.
Bois. L. 0,433. H. 0,238.

37. — La Pêcheuse au bord d'une rivière. Peinture. Signée et datée : 1873.
Bois. L. 0,432 ; H. 0,240.

38. — Les Chaumières à Auvers (Coucher de soleil). Peinture. Signée et datée : 1873.
Bois. L. 0,440 ; H. 0,245.

39. — La Péniche. Signée et datée : 1873.
Bois. L. 0,410 ; H. 0,238.

40. — Les Blanchisseuses. Signée et datée : 1873.
Bois. L. 0,438 ; H. 0,238.

41. — Les Blanchisseuses et le Pêcheur à la ligne. Signée et datée : 1873.
Bois. L. 0,447 ; H. 0,246.

42. — Bords de rivière au coucher du soleil. Signée et datée : 1873.
Bois. L. 0,452 ; H. 0,252.

43. — Coin de Ferme. Signée.
Bois. H. 0,330 ; L. 0,220.

44. — La Maison au bord de l'eau. Signée.
Bois. L. 0,320 ; H. 0,205.

45. — Paysages. Six dessins ou croquis.

Decamps (Ecole de)

46. — L'Odalisque. Aquarelle, signée : *D. C.*

Delambre (L.)

47. — Les Foins. Peinture. Signée.

Demoussy (Augustin-Luc)

13   48. — Portraits de Femmes — Portraits d'hommes 1836-1847.
Sept dessins au crayon noir, un rehaussé de pastels.

Ecoles Anciennes

49. — Massacre des Innocents — Le Christ à la colonne ---
Martyre de St-Sébastien - Etudes de Figures. Sept
dessins.

Ecole Française (xviii° siècle)

13   50. — Ducoudray (M^{le} Angélique), *pensionnée par le Roi, pour enseigner et pratiquer l'art des accouchements dans tout le Royaume.* Pastel.

2 ?   51. — Projet de médaille à la gloire de Louis XV — Etudes de
têtes — Paysage. Quatre dessins et une contre-épreuve
à la sanguine, attribués à Fragonard, Bouchardon et
Descamps.

Ecole Italienne (fin du xvi° siècle)

52. — Scènes antiques --- Etudes de figures et de costumes.
Treize dessins ou croquis à la plume ou à la sanguine.

Ecole Italienne (xvii° siècle)

? .   53. — Sainte Famille. Peinture de forme octogone.

Etex (Antoine)

54. — Groupes de figures. Deux feuilles de croquis.

Froment (Eugène)

55. — Les Roses et les épines. Sanguine. Signée.

Gaillard (Cl. Ferdinand)

11.   56. — Portrait de Femme. A la mine de plomb, lavé d'encre
de chine.

6   57. — La Toilette de l'enfant -- Académie d'homme. Deux
dessins.

58. — Portrait d'homme et études de détails pour ce portrait.
Dix dessins ou croquis.

59. — Groupe de femmes, d'après Rubens — Croquis divers.
Trois dessins ou croquis.

Galeries de Versailles

60. — Sujets militaires — Portraits. Cent-douze pièces.

Gandouin (E.)

61. — Eglise de Royat, peinture - Paysages, 2 aquarelles.

Gengembre (Zéphirin)

62. — Croquis militaires — Croquis d'animaux. Treize dessins
ou croquis.

Gouaches

63. — Paysages. Sept gouaches.

Grenier (François)

64. — La Ville au bord de la mer. Peinture. Signée.

Groenewegen (Gérard)

65. — Marine. A la plume, lavé d'encre de chine.

Hédouin (Edmond)

66. — Etudes de figures pour l'illustration de *Manon Lescaut*.
Six dessins à la mine de plomb.

Hennequin (Phil. Auguste)

67. — Mars désarmé par la Victoire et les Arts. A la plume,
lavé d'encre de chine.

68. — Hommage à Grétry — Danses. Trois dessins à la plume,
lavés d'encre de chine.

Hervier (Adolphe)

69. — Vieilles maisons, 1854. Beau et important dessin lavé de
sépia. *Signé* et daté.

H. 0,305 ; L. 0,245.

70. — Les deux Fermes près d'une mare. Très belle et impor-
tante aquarelle. *Signée*.

H. 0,260 ; L. 0,342.

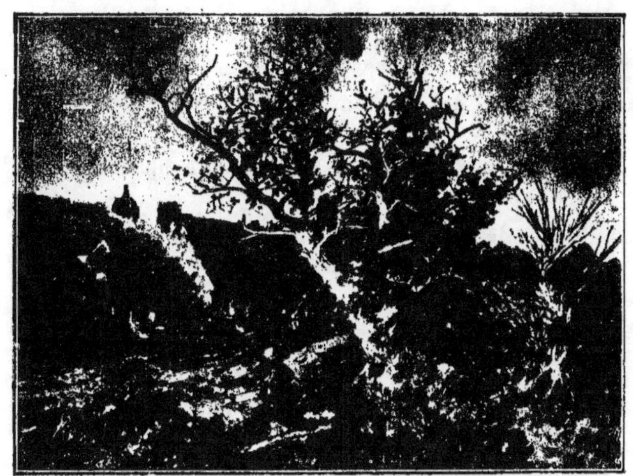

N° 70 du Catalogue.

100   71.   Cour St-Eloy, à Amiens, 1856. Aquarelle *signée* et
           datée.
                              H. 0,315; L. 0,242.

55   71 *bis*. — Coin de Forêt en Automne. Peinture signée.
                              Toile. H. 0,360; L. 0,250.

      72.   Logement de la rue des Martyrs, 1868. *Signé*. A la plume
           et à la mine de plomb, lavé de sépia.
                              H. 0,211; L. 0,150.

      73.   Eglise St-Jean, Place du Marché, à Caen, 1851. A la
           plume, lavé de sépia. *Signé* et daté.

      74.   Vieilles maisons à Caen, 1877. A la plume, lavé d'aqua-
           relle. *Signé* et daté.

132   75.   Paysanne et enfant sortant d'une chaumière ombragée.
           Aquarelle.
                              H. 0,284; L. 0,234.

      76.   Intérieur d'Eglise. Aquarelle.
                              H. 0,183; L. 0,128.

      77.   Sartrouville, en 1865. Aquarelle. *Signée* et datée.

78. — Montigny-sur-Loing, vue prise de la hauteur, 1864. Aquarelle : *signée* et datée.

79. — Un Village des environs de Chartres, 1864. Aquarelle *signée* et datée.

80. — Un Village, St-Germain, sept. 1867. A la plume, rehaussé d'aquarelle. *Signé* et daté.

81. — Etudes de barques, 1865. Aquarelle, *signée* et datée.

82. — Vieille maison et clocher. Aquarelle, *signée*.

H. 0,206. L. 0,149.

83. — Rues de village, 1866. Trois motifs rehaussés d'aquarelle, sur la même feuille. *Signé* et daté.

84. — Côte de Maroux? 1866. A la plume, lavé d'aquarelle. *Signé* et daté.

85. — Etales de bouchers, à St-Germain, 1854. Aquarelle *signée* et datée.

86. — Mendiantes de l'Eglise St-Jean à Caen, 1874. Aquarelle *signée* et datée.

87. — Le Confessionnal (Eglise St-Pierre, Caen), 1871. Aquarelle *signée* et datée.

88. — Près de la Crosse (Vieille maison, dite de Pierre Corneille), 1846. Aquarelle signée et datée.

89. — Croquis de Paysannes. Aquarelle.

90. — Devant de maison. A la plume, rehaussé d'aquarelle. *Signé*.

91. — La Poule plumée. Aquarelle *signée* du monogramme.

92. — Cloître St-Pierre (à Caen?), 10 février 1871. A la mine de plomb, lavé de sépia. *Signé* et daté.

93. — Porche d'église. Dessin à la plume, légèrement rehaussé d'aquarelle. *Signé* et daté : 1867.

94. — Fontaine du Vert-Bois, à Paris — Cathédrale de *** — Les Moulins — Mantes — St-Gervais-sur-Vic — L'Ane dans le bois. Sept dessins ou croquis.

95. — Etudes de figures. Sept dessins ou croquis.

96. — Etudes de barques. Six dessins ou croquis.

97. — Vieilles maisons. Six dessins ou croquis.

98. — Coins de villages. Huit dessins ou croquis.

99. — Coins de villages. Huit dessins ou croquis.

100. — Paysages divers : Onze dessins ou croquis.

101. — Etudes d'animaux — Etudes d'arbres. Dix dessins ou croquis.

102. — Paysages et études diverses. Douze dessins ou croquis.

Eaux-fortes par Hervier

103. — Cour de Ferme (en largeur). Superbe épreuve.

104. — Les Moulins. Très belle épreuve.

105. — Le Marché. Eau-forte. Superbe épreuve.

106. — Le Marché, autre composition. Eau-forte. Superbe épreuve.

107. — Environs de Caen. Très belle et rare épreuve d'état, *avant le nom de l'artiste et avant la lettre.*

108. — La même pièce. Très belle épreuve avec le nom de l'artiste.

109. — Les Barques. Deux pièces. Très belles épreuves.

110. — Croquis divers, 1848 — Les deux Maisons de bois — La Pisseuse. Trois pièces. Très belles épreuves.

111. — Soleil levant — La Barricade — Chaumières et barques. Trois pièces. Très belles épreuves.

112. — La Poule plumée — Intérieur de bohémiens — La Correction (Evelina). Trois pièces. Très belles épreuves.

113. — Porteuse de poisson — La Vieille et l'enfant — La Laveuse. Trois pièces. Très belles épreuves.

Isabey (Jean Baptiste)

114. — Les Pontons de Londres, 1820. Jolie aquarelle.

Isabey (attribué à Eugène)

115. — La vieille Rue. Peinture.

H. 0,260. L. 0,205.

Lafage (Raymond)

116. — Etude pour le Jugement dernier. A la plume, lavé d'encre de chine. Coll. du M{{is}} de Lagoy.

Lalanne (Maxime)

117. — Le Pont des Arts, la nuit — La grande route. Deux dessins.

118. — Amiens, rue de la Vierge dorée (act. r. de Luzarches). A la mine de plomb. Signé (a été retouché).

119. — A Alkmar — A Amsterdam, Assen, Leyde et Delft. Sept dessins ou croquis, à la mine de plomb.

Lampi

120. — Jésus au milieu des Docteurs. Beau dessin à la plume, lavé de bistre. Signé.

Lanfranc (Jean)

121. — Etudes d'amours, A la sanguine.

Lapostolet (Ch.)

122. — Marée basse. Peinture. Signée.

Toile. L. 0,448 ; H. 0,310.

Lazerges (Hipp.)

123. — Figures allégoriques, pendentifs. Six dessins à la mine de plomb.

Leoni (attribué à Ottavio)

124. — Portrait.

Ligozzi (Jacopo)

125. — Etude d'Evangéliste. A la plume, rehaussé de bistre et de gouache. Coll. J. Dupan et C. G.

Mazet (Edmond)

AQUARELLES

126. — Vue prise à Montmartre en 1869.

127. — La Seine à Epinay.

128. — Le chemin de la ferme d'Epinay.

129. — Coteaux d'Epinay.

130. — Villeneuve-la-Garenne.

131. — Moulin Debray, à Montmartre (1868).

132. — Rue des Islettes, par un temps de neige.

133. — Garage, Ile St Denis.

134. — Garage du Chanteur, Ile St Denis.

135. — Pont de pierre, bras des Pêcheurs. Ile St Denis.

136. — Pont de Bois, Ile St Denis.

137. — Les Faucilles. à Montmagny, 1890.

138. — Ile St Denis, 1886.

139. — Le Gymnase.

140. — Les Barques, 1876.

141. — La Prairie, 1889.

142. — Le Chemin à travers bois, 1889.

Metzmacher (Emile)

143. — Enfant juif de Jérusalem — Chamelier du Caire, 1866. Deux dessins au crayon noir, signés des initiales.

Mitelli (Antonio)

144. — Double motif de chaire à prêcher — Fragments de consoles, angles de vases. Trois dessins à la plume. Coll. A. Bérard.

Pille (Henri)

145. — Promenade d'un condamné (Scène du Moyen-Age). A la plume. Signé.

Prud'hon (d'après)

146. — L'Etude guide l'essor du Génie. Peinture.

Robecchi (H.)

147. — Décors de théâtre — Décorations d'appartements. Vingt-deux aquarelles.

Roqueplan (Camille)

148. — Paysage rocheux, 1830. Au crayon noir. Signé et daté.

Roqueplan (attribué à C.)

149. — La Fontaine. Aquarelle.

Rudder (L. H. de)

150. — Allégories — Etudes diverses. Dix dessins.

Sang (F. J.)

151. — Marines 1877. Deux dessins à l'encre de chine, signés et datés.

Saunier (Octave)

152. — Une Mare sur le plateau du rocher St-Germain (Forêt de Fontainebleau), effet de soir. Signée.

Bois. H. 0,320 ; L. 0,220.

Specht (W. Emile Ch. Ad. de)

153. — L'Abside de Notre-Dame de Paris, 1876 — Notre-Dame et les Cagnards de l'Hôtel-Dieu. Deux aquarelles.

154. — Le Pont-Neuf — Le Pont-Royal. Deux aquarelles.

155. — L'Institut, 1877 — Abside de l'Eglise de... Deux aquarelles.

156. — Montmartre : La Rue St-Vincent, 1879 — La Rue Caulaincourt, 1872 — Le Moulin de la Galette. Trois aquarelles.

157. — Rue Royale — Parc des Buttes-Chaumont — Parc Monceau — Rue Montmartre. Quatre aquarelles.

158. — Terre-plein du Pont-Neuf — Le Cirque Fernando — Tour de l'Horloge, au Palais de Justice — Place de la Concorde. Quatre aquarelles.

159. — St-Nicolas du Chardonnet — Les Cagnards de l'Hôtel-Dieu — La Place Dauphine — Paris, vu de Montmartre — Jardin du Luxembourg. Cinq aquarelles.

160. — Vues de Paris. Sept aquarelles.

161. — Bords de la Seine, à Paris, 1876-1878. Six aquarelles.

162. - Coins de Paris. Neuf aquarelles.

163. ··· Coins de Paris. Dix aquarelles.

164. —- Paysage d'Algérie (Sidi Djilalli), 1873. Aquarelle.

165. --- Vues d'Orient. Quatre aquarelles.

166. --- Vues d'Algérie. Dix aquarelles.

Superchi (M.)

167. — Antiquités égyptiennes, grecques et romaines. Vingt-
cinq dessins à la plume.

Troyon (C.)

168. --- Etude de dindon. Au crayon noir, léger rehaut de
sanguine.

Velasquez (d'après)

169. — Philippe V. Peinture.

Veyrassat (J. J.)

170. Portes de chaumières et de granges. Cinq dessins ou
croquis.

Wattier (Emile)

171. Portrait de jeune Femme. A la mine de plomb, avec
légers rehauts de blanc.

172. — Sous ce numéro, il sera vendu par petits lots environ
deux mille dessins anciens et modernes, par divers
artistes.

IMPRIMERIE

FRAZIER-SOYE

153, Rue Montmartre

PARIS